A PESCA SIMPLES COM PÃO

O Verdadeiro Segredo?
A Experiência!

Lelio Zeloni

Copyright © 2020 Lelio Zeloni

Todos os direitos reservados

ISBN: 978-1-80111-642-8

Primeira edição em português: agosto de 2020
Edição original: dezembro 2018 "La Pesca Semplice con il Pane - Il Vero Segreto? L'Esperienza!"

O Autor:

Lelio Zeloni nasceu em Prato, em 8 de agosto de 1953. Desde a adolescência teve duas paixões, a pintura e a pesca. Ao longo dos anos, ele praticou spinning, pesca com mosca, tenkara e, claro, sua pesca favorita com pão. Essas experiências com diferentes técnicas contribuiram para torná-lo esse especialista que hoje é, em pescaria.

As reproduções realizadas para fins profissionais, económicos ou comerciais ou para utilizações não pessoais só podem ser efetuadas com autorização prévia e específica, emitida pelo autor.

ÍNDICE

	PREFÁCIO	5
	INTRODUÇÃO	9
1.	O INÍCIO	11
2.	AS BOIAS	29
3.	A ATITUDE CORRETA PARA PESCAR	35
4.	A TÉCNICA CORRETA	41
5.	O TIPO DE PÃO CERTO PARA PESCAR	47
6.	EVITE EQUIPAMENTO DESNECESSÁRIO	53
7.	COISAS IMPORTANTES A SABER	57
8.	MEDIDAS MÍNIMAS DOS PEIXES	65
9.	O TIPO DE PEIXE QUE VOCÊ PODE PESCAR COM PÃO	69
	CONCLUSÃO	93

Prefácio

No final do século 19, o economista Vilfredo Pareto descobriu que 80% da riqueza e da renda mundial eram produzidos por 20% da população. Agora você provavelmente está se perguntando: "O que isso tem a ver com um livro sobre pesca?" Muito!

Deixe-me falar sobre o Princípio de Pareto, também conhecido como Lei 80/20. O princípio afirma que cerca de 20% das causas geram 80% dos efeitos. Então, 80% do que recebemos é causado por apenas 20% do que fazemos. Em cada campo ou setor, a maioria dos efeitos é causada por um número limitado de causas.

Então, você vai notar com grande surpresa que 80% da riqueza do mundo está nas mãos de 20% da população, 80% dos lucros de uma empresa são gerados por 20% das vendas, 80% dos seus resultados são gerados por 20% de suas ações.

Este princípio está presente em muitas áreas de nossa vida.

Mesmo a pesca não está imune a esse princípio. Lembre-se de que 20% do que você faz gera 80% dos seus resultados.

Portanto, se a maioria dos resultados vem de uma pequena parte de nossas ações, isso significa que a maior parte do que fazemos é de pouco valor e totalmente inútil.

Este livro incorpora perfeitamente o princípio de Pareto. Estas páginas, que são escritas de uma forma muito simples, são muito eficazes, são a essência da experiência que vai lhe ensinar, que 20% vai lhe dar 80% do valor, deixando de lado tudo o que é irrelevante e desnecessário para uma pesca bem-sucedida.

Quer saber uma coisa? Esta é a primeira vez que escrevo o prefácio de um livro e estou fazendo isso para o livro de meu pai.

Devo confessar que fiquei um pouco comovido quando li este livro. Enquanto eu lia, muitas memórias vieram à minha mente. Durante a adolescência, muitas vezes ia pescar com meu pai e meus amigos, especialmente no verão.

Nosso destino preferido era o rio Seggio na Marina di Castagneto Carducci. Lembro-me do prazer de estar na companhia e de valorizar a simplicidade.

Se eu fechar meus olhos e pensar sobre isso, posso ouvir as risadas de meus amigos ao longe e o som da brisa do mar acariciando as varas de pescar no rio.

Meu pai sempre me ensinou a respeitar a natureza, o meio ambiente e os animais. Esta é também a razão pela qual sempre jogamos os peixes de volta na água, mas acima de tudo, sempre mantemos o local de pesca limpo.

Quando forem pescar, queridos leitores, lembrem-se de proteger o meio ambiente.

Mas você comprou este livro porque quer melhorar sua pesca, então espero que tenha uma boa leitura.

Dr. Edoardo Zeloni Magelli

Introdução

Este livro de fácil aprendizagem pretende ser um guia útil, tanto para aqueles que querem começar a pescar com pão, como para os pescadores mais experientes que desejam aprimorar as suas habilidades de pesca. Nestas páginas você encontrará conselhos muito práticos sobre como pescar com pão, terá uma imagem das variedades ideais de pão, você aprenderá como preparar a isca e colocá-la corretamente no anzol.

O pão é uma isca filosófica, é adequada para muitos peixes e, graças ao seu aroma, uma vez na água, liberta um rasto muito tentador, atraindo muitos cardumes, ao alcance da cana de pesca.

O cheiro é tão atraente para eles que muitas vezes os peixes nem percebem que a linha de pesca está no lugar.

Por precaução, é sempre bom ter uma linha de pesca e um anzol maior, o que pode evitar surpresas caso apanhemos um peixe maior.

Claro, não falarei apenas de pão, aqui você encontrará conselhos sobre os diferentes tipos de boias e quais são os melhores para usar, tanto em mar calmo como agitado, você também aprenderá sobre o comprimento das varas a usar, que dependerá de onde decidimos ir pescar.

Ensinarei você a reconhecer os lugares certos para pescar, a usar a sua lógica, mas acima de tudo, você vai entender qual é a hora certa de ir pescar, observando as marés.

Com o tempo, irá adquirir o sentido da água, que também o ajudará a perceber onde encontrar os peixes e consequentemente apanhá-los, o que lhe dará uma grande satisfação.

Do ponto de vista editorial, este certamente não será o livro perfeito, então queira me desculpar, pois o importante é que você aprenda a pescar.

Também gostei muito de fazer as ilustrações deste livro, desenhar e pintar sempre foram (junto a pesca) minhas grandes paixões, mas essa é outra história.

Um agradecimento especial pela criação deste livro, vai para meu filho Edoardo, também tenho que agradecer minha esposa Donatella pelas fotografias e minha filha Carlotta, pelos gráficos e vídeo. Muito obrigado.

Feliz leitura.

1.
O INÍCIO

Meus caros amigos pescadores, se vocês me falassem quando criança que um dia eu escreveria um livro sobre pesca, eu nunca teria acreditado, mas isso realmente aconteceu.

Quando atingimos uma certa idade, sentimos a necessidade de deixar vestígios do nosso tempo na terra, sentimos o desejo de transmitir a nossa experiência sobre algo em que tivemos bom desempenho.

Passei a vida inteira pescando, experimentando várias técnicas. Eu fiz spinning, pesca com mosca, Tenkara e, claro, meu favorito, pesca com pão. Essas diferentes técnicas desenvolveram em mim o que chamo de "o sentido da água".

Onde quer que eu vá pescar, eu entendo onde estão os peixes e me aproximo deles da maneira certa, usando uma lógica simples.

Se você seguir meu conselho simples, mas eficaz, também desenvolverá esse sentido em pouco tempo e se tornará um excelente pescador.

No pouco tempo que você passar lendo este livro, eu lhe passarei toda a minha experiência de pesca. Pense na sorte que você tem, passei a vida inteira aprendendo o que sei, enquanto você terá aprendido em poucas horas.

Um grande segredo é a experiência vivida, cheia de erros e dúvidas (muitas), mas isso foi preciso para me tornar o pescador que sou hoje.

Há dois tipos de pescadores, um deles captura a água e o outro captura o peixe.

Fui eu que capturei a água, nunca peguei nada, mas vi com admiração aqueles que, ao meu lado, pegavam muitos peixes. Eu costumava dizer:

"Eles pegam peixes porque têm sorte"

Errado! Eles pescam porque pescam da maneira certa.

Eles tinham uma boa vara de pescar, um bom carretel, uma linha perfeita e a isca certa, mas acima de tudo, conheciam bem a técnica.

Todas as coisas que eu não tinha.

Continuei observando aqueles pescadores, estudei-os, sempre tentando aprender algo, às vezes também pedia alguns conselhos, mas eles nem sempre estavam dispostos a dá-los.

Talvez porque eu era apenas uma criança e eles não queriam perder tempo comigo, eu era o pescador de muitos fracassos, com muitos equipamentos errados e que nunca conseguiu pegar um peixe. No entanto, os erros são uma grande fonte de aprendizado.

Uma das primeiras coisas que entendi, que também é a coisa mais importante quando se pesca no mar, foi aprender a observar as marés. É inútil pescar quando o mar está recuando, os peixes vão para o mar (maré baixa). É correto pescar quando a maré volta trazendo os peixes com ela (maré alta).

Outra dúvida que sempre tive foi sobre a isca. Sempre ouvi os pescadores falando uns com os outros, alguns usavam minhocas, outros usavam as coreanas, alguns camarões e outras iscas artificiais e pão, etc.

Que bagunça!

É claro que cada tipo de peixe requer sua própria isca se quisermos capturá-lo.
Eu era um menino muito tímido e era difícil para mim ir à loja de caça e pesca, porque eu não sabia que tipo de isca comprar.

Era 1967, eu tinha 14 anos e estava em Castiglioncello, onde todo mês de agosto passávamos as férias com toda a minha família.

Meus pais me deram uma vara de pescar, a clássica "Fiorentina". Era uma vara desmontável feita de um material denominado "cana-doce", era composta de 4 peças, cada uma com 1,50 metros de comprimento para um total de 6 metros.

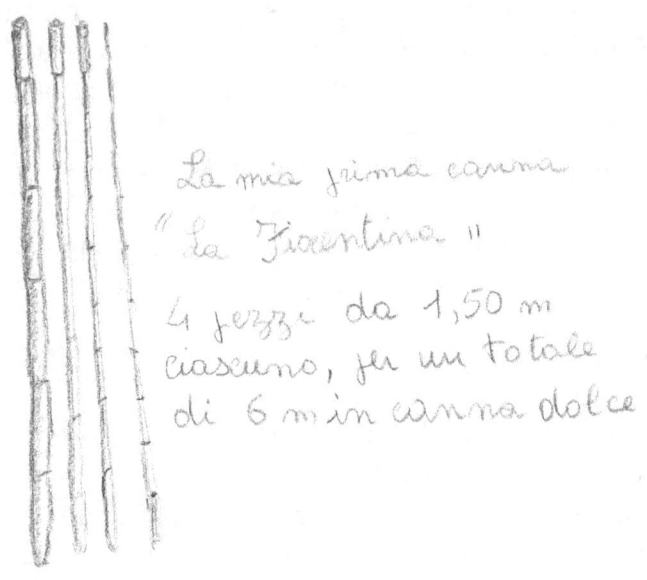

Fig. 1: *Minha primeira vara "Fiorentina". 4 peças, 1,50 m. cada uma, um total de 6 m de "cana doce"*

Comecei a pescar tanto no rio quanto no mar com aquela vara. Mas dentro de mim, mantinha a dúvida de sempre. Que isca devo usar?

Um dia, enquanto observava alguns pescadores nas rochas quando eu estava em Bagno Tre Scogli em Castiglioncello, percebi que eles tinham um pequeno balde, no qual colocavam pedaços de pão.

Eles pegavam aqueles pedaços de pão, os embebiam em água e depois os espremiam com as mãos, então colocavam o pão em um pano de algodão, segurando-o com a mão esquerda, puxando o pano pelos quatro lados, e com a mão direita viravam a bola de pão que ficava dentro do pano, apertando o mais forte possível, como quando você torce um pano de couro para secar o carro.

Estas imagens ficaram gravadas na minha mente, aliás, movido pela curiosidade, resolvi experimentar também.

Talvez isso finalmente resolvesse minha dúvida sobre a isca a ser usada. Eu tinha pão em casa e pensei que era uma isca que teria sempre à disposição.

Fantástico, pensei com entusiasmo, peguei umas fatias de pão, molhei na água, espremi como eu havia observado e subi nas rochas para tentar pescar.

Montei a vara de pescar, a linha era a mesma que eu costumava pescar no rio. Não me lembro com que tipo de linha e anzol costumava pescar, só lembro que tinha uma boia muito comum que não era muito apropriada. Isso é tudo que eu tinha disponível.

Até aí tudo bem, o melhor veio depois. Coloquei o pão no anzol e fiz vários arremessos, mas o pão sempre caia do anzol e caia na água. Porém, se eu tinha algo de positivo, era a perseverança.

Alguém que me observava, talvez movido pela compaixão, disse que o pão ainda estava muito úmido e me ajudou a preparar a isca. Pegou uma bola de pão, colocou-a no gancho e começou a triturá-la bem, girou-a e continuou a girar, até ficar com o formato de uma pequena pera.

"Tente agora!" Disse.

Maravilhoso!

Consegui arremessar sem perder o pão, olhei com entusiasmo para a boia, depois vi afundar e o cavaleiro disse:

"Puxe!"

Creio puxei atrasado porque não veio nada. O cavalheiro disse:

"Tente outra vez, quando veja que a boia se move, puxe imediatamente, o pão não é como uma minhoca, ele se desprende imediatamente do anzol"

Tentei de novo, empolgado por estar sendo observado, prestei mais atenção. Assim que vi a boia se mover, puxei, sem muita convicção, mas quando senti um leve puxão e vi um reflexo prateado se movendo na água, percebi que finalmente, desta vez, havia pegado um peixe.

" Eu peguei, eu peguei, eu peguei!"

Gritei várias vezes, tinha a expressão alegre de quem finalmente alcançou seu objetivo. Meu primeiro peixe pescado no mar, pense bem, que alegria!

Olhei para o rosto das pessoas que ali estavam e vi que me olhavam com prazer e riam.

Eles entenderam minha alegria. Foi a minha primeira vez, meu primeiro peixe!

Esse tipo de emoção nunca é esquecido, é uma emoção que fica para sempre na mente, não pode ser apagada, é permanente, forma a psique individual.

Muitas vezes, ainda hoje, fico emocionado quando estou pescando nas rochas e vejo algumas crianças com suas expressões de alegria ao meu lado quando pescam.

Aquele momento, aqueles jovens, a alegria de pescar um peixe, me leva de volta ao meu próprio momento passado, e uma frase que li no livro de Marcel Proust "Swann's Way" me vem à mente.

"Será que essa memória algum dia tocará a superfície de minha consciência plena, aquele momento antigo ao qual a atração de um momento idêntico veio até agora para lembrar, para me mover e me elevar nas profundezas de mim mesmo? Não sei"

Ano após ano fui ganhando cada vez mais experiência, comecei a pescar diferentes tipos de peixes, pargo, dourado, salmão, embora pequenos. Descobri que podia pescar diferentes tipos de peixes com pão. Perfeito, pensei, é a isca perfeita para mim.

Dos meus verões em Castoglioncello até agora, sempre fui pescar com pão.

Após meu casamento e o nascimento do meu filho Edoardo (1984), minha esposa e eu decidimos começar a acampar, senti a necessidade de me perder na natureza.

Escolhemos um acampamento muito diferente dos outros, na Toscana, em Marina di Castagneto Carducci, perto de Donoratico na costa de Livorno.

Era um lugar onde se respirava a verdadeira natureza, poderíamos dizer que era uma floresta atrás das dunas do mar. Foi perfeito porque tive a oportunidade de pescar no mar e no rio, pois havia um rio próximo chamado "Il Canale" (O Canal), e o rio "Seggio".

Você não pode imaginar quantas vezes pesquei no mar e no canal. Nesse rio havia muitas tainhas (gênero liza), algumas delas grandes.

As margens e o fundo do oceano estavam cheios de minhocas.

Lembro que antes de pescar a gente pegava uma pá e tirava a lama do fundo do oceano, a colocava na praia ao nosso lado, aí a água escoava da lama misturada com a areia e as minhocas começavam a sair.

Foi uma grande experiência encontrar iscas no local, isso nos fez sentir como verdadeiros pescadores. Porém, depois de algumas vezes, voltei à pesca com pão, pois é um tipo de pesca muito mais simples e limpo.

A água do canal estava quieta e turva e a técnica de pesca que usei foi esta:

- A boia mais sensível possível

- 0,18 fio

- Anzol n10 coberto com um pequeno bolinho em forma de pera

- Nós pescamos perto do fundo

Claro, o lugar estava preparado com pão, assim estávamos assegurados. Nós pescamos de manhã cedo e à tarde.

Havia muitas tainhas e elas mordiam a isca o tempo todo. Costumávamos jogá-las fora novamente porque a água não era da melhor qualidade, apenas era divertido pegá-las.

Após 20 anos de vivência em Marina di Castagneto, tendo pescado no mar e no rio e experimentado diferentes tipos de técnicas de isca, posso dizer-lhes que a melhor isca é o pão.

Depois de muitos anos de férias em Marina di Castagneto Carducci, decidimos experimentar Vada, também na costa de Livorno na Toscana, também havia uma floresta atrás das dunas do mar e, claro, alguns excelentes locais para pescar.

Havia pequenos penhascos no mar, alguns eram recifes artificiais, outros eram simples quebra-mares, enquanto outros contornavam alguns balneários.

Certamente eram lugares excelentes para pescar, aliás estava lotado de pescadores pela manhã. Queria descobrir o novo local com o olhar de um pescador, e comecei a examinar a área para conhecê-la melhor.

Comecei a observar a pesca, mas para minha grande decepção não vi ninguém pegando nada. Imediatamente entendi por que, o mar havia recuado, as rochas expostas ainda estavam úmidas e, claro, quando o mar recua, leva com ele, tudo o que os peixes comem, por consequência, até mesmo os peixes, estão no mar.

Este movimento do mar é denominado maré baixa.

A pesca não é aconselhável com este tipo de maré, é uma perda de tempo porque só existem peixes pequenos que mal mordem a isca.

A hora certa para pescar é quando a maré está alta, você vai perceber que aos poucos a água vai cobrindo as rochas que ficaram expostas, e desta vez todos os peixes que foram embora vão voltar.

É preciso iscar o local com punhados de pão úmido e esfarelado em intervalos regulares para manter os peixes lá.

Quanto mais o pão espalhar e flutuar, mais tempo os peixes ficarão na área.

Você vai ver muita movimentação na água, será um fluxo contínuo de peixes ávidos.

Você vai ver os peixes maiores esmagando os menores. As Tainhas serão as primeiras a chegar, depois os Pargos, a Pescada, etc...

Estes são os clássicos peixes de superfície.

Se também jogar uma massa compacta do tamanho de um limão, ela rapidamente cairá no fundo atraindo os pargos, salpas, dourados e todos aqueles peixes que vivem no fundo do mar.

Imagine-se no local da pesca. Você entendeu que é a hora certa de pescar, a maré está alta, você colocou a isca e o pão começa a trabalhar. Agora você só precisa preparar sua vara de pescar.

Você pode pescar com uma vara fixa ou com o que chamamos de vara "bolonhesa".

O pescador que começa a pescar com vara fixa sempre terá mais experiência do que aquele que ainda não experimentou esta técnica.

Quando você pesca um peixe de qualidade, somente sua experiência e seu conhecimento no uso de sua vara permitirão trazê-lo para a beira.

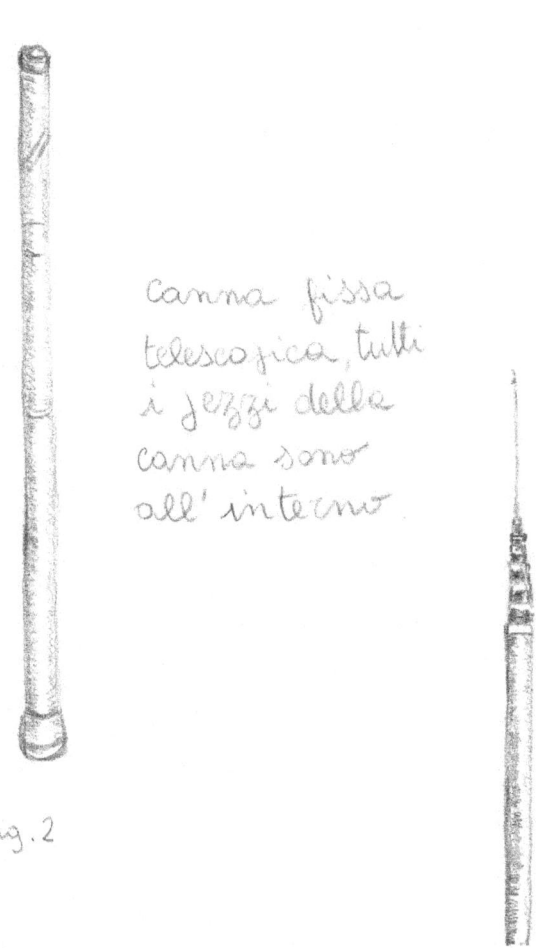

Fig. 2: *Haste telescópica fixa, todas as peças estão dentro.*

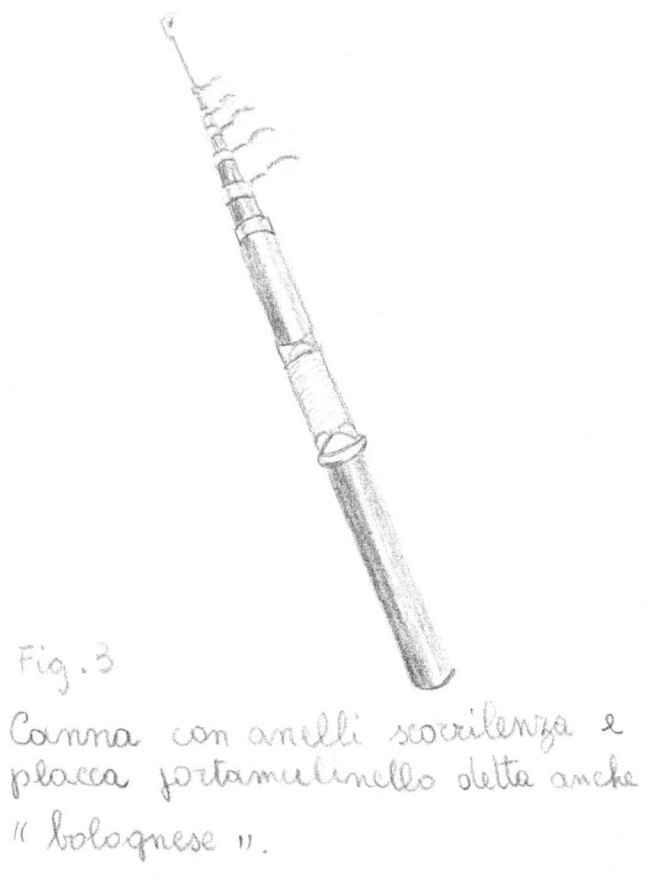

Fig. 3: *Haste com anéis para a linha de pesca deslizante e uma placa porta-carretilha também chamada de "Bolognese".*

É muito mais fácil preparar a linha de pesca com um peso de chumbo mais leve, porque, neste caso, você pesca mais perto da costa e assim vê melhor o peixe mordendo.

As varas fixas têm comprimento que pode variar entre 4,50 e 6,50 metros. Em alguns casos, como a pesca em altas falésias, varas de 7 metros também são boas.

Mas a clássica vara "Bolonhesa" também é muito útil, dá-nos uma segurança extra ao puxar para trás e graças à fricção da carretilha podemos usar pontas mais finas e claro, temos a possibilidade de pescar mais longe da costa.

2.
AS BOIAS

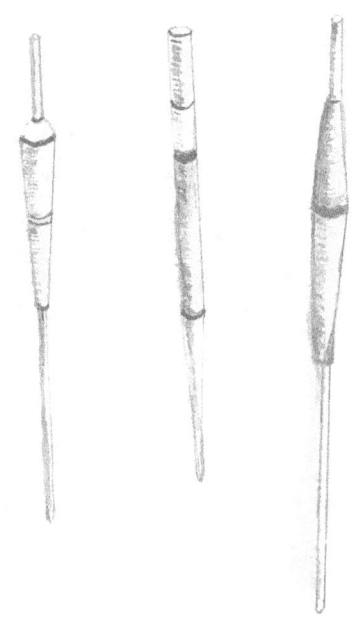

Boias cônicas recomendadas para águas calmas.

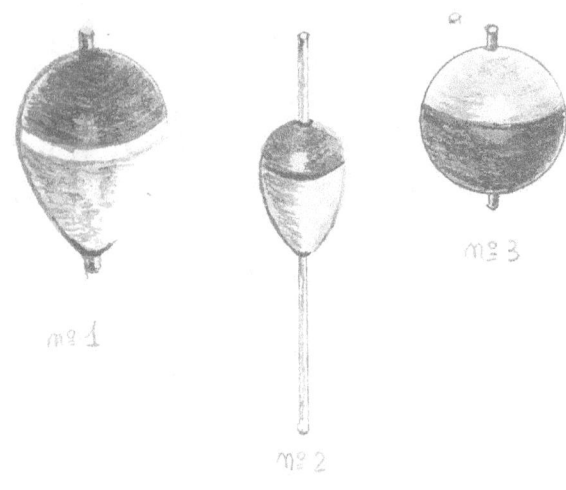

N°1 e N°2 galleggianti a pera per acque semicalme

N°3 modello sferico per acque mosse

n°1 y n°2: Boias em forma de pera para águas calmas

n ° 3: O modelo de formato redondo para águas agitadas.

Como escolher a boia certa? É fácil. Observe a superfície da água e perceberá se está calma, ligeiramente ondulada ou muito turbulenta. Isso o ajudará a escolher a boia.

Esta é a regra prática: quanto mais calmas as águas, mais sensível deve ser a boia, portanto, uma com formato alongado e estreito, é boa.

A cor e a forma não são importantes. Existem muitas boias no mercado e todas funcionam, o que é importante para você é a visibilidade. A boia certa para você é aquela que melhor mostra as mordidas dos peixes.

Quando a água está calma e quero pescar um pouco mais longe, com isso quero dizer mais longe da costa, uso com prazer a boia inglesa, do 4 + 1 ao 6 + 2.

Esses números estão escritos na parte inferior da boia, +1 ou +2 significa que ainda podemos adicionar 1 ou 2 gramas de chumbo, se desejarmos.

Isto permite afastar a boia e também aumentar a sua sensibilidade, com isso poderá ver muito bem os peixes mordendo.

Quando a água ficar mais turbulenta, deve-se usar as boias em forma de ovo ou bola.

Quanto mais redonda for a forma, melhor ela flutuará. Você pode escolher aquelas que já estão carregadas com chumbadas. São excelentes para pesca de superfície, tainha (liza), dourada, bogas, etc.

Pessoalmente, prefiro as que já vêm equipadas com chumbadas de 2 a 20 gms.

Se os peixes estiverem perto do recife, recomendo chumbadas leves, mas se os peixes estiverem mais longe, recomendo chumbadas mais pesadas.

Neste ponto, você deve estar se perguntando qual linha de nylon usar. Isso dependerá do tipo de peixe que você deseja pescar. Se não houver salpas, você pode pescar com um final de 0,12 ou 0,14. Se houver salpas, é melhor subir para 0,20 e agora explicarei imediatamente o porquê.

Quando ia pescar de madrugada nas rochas de Vada, muitas vezes eu via a boia afundando, costumava puxá-la, e notava que o fio de nylon tinha um corte limpo perto do anzol.

Não entendia por que, inicialmente, eu pensava que era por causa dos peixes azuis, depois percebi que era por causa das salpas, as maiores. Salpas têm dentes afiados e muitas vezes podem cortar fios mais finos do que 0,20.

3. A ATITUDE CORRETA PARA PESCAR

Lembro-me de uma vez que peguei uma Liza bem grande. Minha vara de pescar estava muito dobrada, tão dobrada que consegui chamar a atenção das pessoas na praia. Algumas pessoas vieram até mim para ver a cena de perto e ver que tipo de peixe era.

Em vez de nadar freneticamente e com força, a Liza começou a balançar a cabeça tentando tirar o anzol da boca.

Ela estava puxando com força a vara de pescar. Consegui levá-la quase até a margem. Foi lindo ver o reflexo prateado sob a superfície da água.

A Liza continuou balançando a cabeça e puxando. Foi um puxão constante, até que um puxão mais forte empurrou a vara de pescar para trás, aliviando toda a força.

Creio que conseguiu cortar a linha de nylon de 0,20. Não consigo descrever a decepção das pessoas que me observavam, seus comentários foram mais ou menos:

"Essa Liza era linda, que pena! Você a perdeu."

Eles me olharam, talvez esperando ver a decepção no meu rosto, ou talvez ouvir alguma maldição ou algum tipo de explicação.

Eles ficaram muito surpresos quando me ouviram dizer em meu tom de voz calmo:

"Eu teria colocado de volta na água de qualquer maneira, eu consegui ver, foi emocionante, então está tudo bem!"

Eles não estavam acostumados a ouvir um pescador falando assim. Sempre joguei na água os peixes que peguei e, quando as pessoas me viam fazendo isso, ficavam maravilhadas. Os pescadores costumam levar os peixes que pegam no mar para comer em casa. Eu ia pescar quase todos os dias e as pessoas começaram a me reconhecer, eu era quem jogava os peixes de volta ao mar, muitas vezes ouvi seus comentários. As mães disseram aos filhos:

"Você viu aquele cavalheiro, que joga os peixes de volta ao mar como seu pai faz no rio?"

Outras pessoas disseram:

-Ele é um pescador esportivo que pratica o "pesque e solte"

Outros então falaram:

"Por que você está jogando fora de novo? Não é bom? Por que você não dá para mim?"

Às vezes eu dava o peixe a pessoas agradecidas que o pediam. Mas para a pergunta que eles me fizeram:

"Por que você os está devolvendo?"

Eu responderia:

""Depois de nos dar tanto prazer, o mínimo que poderíamos fazer é devolver-lhes a sua liberdade."

Creio que você já deve ter percebido, não sou daqueles pescadores que carregam redes para colocar os peixes. Uso apenas o mínimo de equipamentos, o que me dá algumas vantagens. Se eu não estiver gostando do lugar onde estou pescando, posso me mudar para outro local a qualquer momento.

Ganhei a experiência que tenho hoje, depois de experimentar várias técnicas de pesca no rio, principalmente graças à prática, mas também aos cursos de pesca que fiz no passado.

No entanto, entre as várias técnicas, há uma em particular que foi muito importante para o meu crescimento e também a que me fez compreender o verdadeiro significado da pesca: a pesca com mosca.

Isso me fez entender que não é o peixe o que se pesca, mas como se pesca. Isso me ensinou a respeitar a natureza, o rio e os peixes.

A pesca nada mais é do que um jogo de astúcia entre nós e os peixes, é um desafio contínuo, tentamos dar o nosso melhor utilizando as nossas aptidões, enquanto os peixes utilizam o seu instinto de sobrevivência.

Às vezes ganha o peixe, às vezes ganhamos, mas temos que nos lembrar de respeitar o peixe, porque é graças ao próprio peixe que às vezes experimentamos emoções lindas e inesquecíveis. Depois de nos dar prazer, devolvê-lo à natureza, seja o mar ou o rio, é um sinal de respeito pela natureza e pelos próprios peixes.

4. A TÉCNICA CORRETA

Agora quero falar com você sobre a pesca com a vara à bolonhesa. Depois de arremessar a linha, você deve mantê-la esticada, observando a boia e puxar para trás muito lentamente, se você olhar com atenção verá a bola de pão seguida pelos peixes que a atacarão.

Muitas vezes, realmente muitas, você pode pegar o peixe desse jeito, ele fica no anzol durante uma recuperação muito lenta, com esta técnica podemos apanhar principalmente palometa, e também obladas.

Nunca deixo mais de 70 cm. Da boia ao anzol, no máximo 1 m., não mais.

Na pesca de superfície também podemos usar dois anzóis. Depois da boia temos que deixar um pedaço de linha solta de cerca de 70 cm que vamos amarrar a um elo giratório.

Vamos dividir a linha em 2 partes, uma com 30 cm de comprimento e outra com 45 cm.

As duas linhas penduradas na peça giratória nunca devem ter o mesmo comprimento, pois isso impediria o peixe de morder a isca.

Para sua surpresa, às vezes você pegará dois peixes juntos.

No meu canal do YouTube "Lelio" você pode encontrar alguns vídeos que mostram isso.

Esta é a técnica de arremesso:

- Arremessa

- Você se afasta lentamente para manter a linha esticada

- Prepare-se para assistir o cardume de peixes indo em direção à isca

Inicialmente, a boia se moverá ligeiramente e então afundará ou flutuará até a superfície. Este é o momento certo para puxar. Para entender melhor quando é o momento certo para puxar, faça alguns testes de lançamento sem tentar pegar o peixe.

Basta observar o afundamento da boia, você verá que uma vez afundada, ela subirá novamente e ficará quieta porque o pão já foi comido. Experimente, isso o ajudará a melhorar o tempo de captura.

Depois de tentar algumas vezes e aperfeiçoar seus tempos, coloque o pão no gancho novamente e prepare-se para puxar imediatamente assim que você notar aquele pequeno movimento que a boia faz.

Você vai ver que nem todos os peixes mordem do mesmo jeito. Por exemplo, as tainhas lhe darão muito trabalho para entender quando estão comendo. Se você nunca pescou múgil, nas primeiras vezes a boia parecerá estar sempre parada.

Mas se você começar a olhar com mais atenção, verá que no início da mordida, a boia libera pequenas vibrações e você notará pequenos círculos na água, afastando-se da boia.

O momento certo para puxar é durante os primeiros dois ou três desses círculos. Uma coisa muito importante. Lembre-se de jogar a isca primeiro. É a primeira coisa a fazer assim que chegar ao local de pesca.

Faça isso em intervalos regulares, jogando mais pão no mar. Não demorará muito até as tainhas chegarem. Meu equipamento para pescar tainha é o seguinte.

Eu quase sempre uso uma haste bolonhesa de 4 metros, que para mim é o ideal, o nylon é 0,20, eu uso um prumo pequeno tipo ovo para a boia, preso embaixo por um pequeno elo giratório, depois 2 linhas longas, uma de 30 cm de comprimento e a outra de 45 cm de comprimento.

Desta vez usaremos pão seco. O interior macio do pão, como baguetes ou pão branco fatiado, está bem. Coloque o gancho no pão duas vezes e pressione parcialmente, para evitar que se perca durante o lançamento.

Mantendo a linha levemente esticada e observando quando os peixes estão comendo, você verá as tainhas ao redor da boia competindo pela isca, bem ao redor dos pedacinhos de pão; elas farão um leve clique nos pequenos salpicos que indicarão que é o momento certo para puxar.

As tainhas estão tão ávidas para comer pão que a alimentação leva apenas alguns segundos.

Na pesca da tainha, é sempre melhor puxar com antecedência. A tainha come tudo que está nos anzóis sem dar tempo de ver a boia se mexer.

É um tipo de pesca que deve ser praticada visualmente e o momento certo para puxar deve ser cuidadosamente calculado.

Se o vento aumentar ou o mar começar a ficar agitado, é aconselhável parar, devido à falta de visibilidade da boia.

5. O TIPO DE PÃO CERTO PARA PESCAR

Se usarmos pão fresco, isto é, pão recém saído do forno, então quase todos os tipos de pão são adequados, embora sejam preferíveis os pães de azeite ou as baguetes clássicas.

Para preparar a isca, basta abrir o pão, retirar uma pequena porção com os dedos, tomando cuidado para não pressionar muito, depois inserir o anzol no pão e tentar escondê-lo bem.

Em seguida, pressione tudo com os dedos, para que não caia durante o arremesso.

Pão francês

O pão mais utilizado na pesca desportiva é aquele que se compra nas lojas de caça e pesca, tem a forma de uma trança e é vendido em embalagem de papel vegetal.

É muito simples de preparar.

Mergulhe por alguns minutos, depois coloque sobre um pano de algodão para escorrer e pressione-o para baixo com as mãos.

Se desejar, de vez em quando, você pode remover pequenas tiras e prendê-las ao gancho em uma extremidade, depois enrole-as em torno do gancho duas vezes e, finalmente, encaixe-as novamente no gancho, deixando a outra extremidade solta

Massa

A massa clássica do "faça-você-mesmo" está bem. A massa do pão é muito simples de preparar, coloque alguns pedaços de pão em um recipiente com água, quando o pão tiver absorvido a água, retire-o do recipiente e esprema com as mãos, retirando o máximo de água possível.

Aí você pega um pano de algodão (eu uso um velho pano de cozinha) e coloca o pão nele, você tem que amassar com a mão e depois adicionar a farinha branca, até que fique uma massa macia que não grude nas mãos.

Para torná-lo mais compacto, você também pode adicionar farinha de rosca. Trabalhe a massa continuamente amassando com as mãos, como quando você prepara uma massa para pizza, só que deve ser mais macia, deve ser muito macia. O segredo da massa é a sua maciez, quanto mais macia, mais o peixe vai morder.

Obviamente, você pode colocar o pão no anzol ou na âncora pequena.

Algumas pessoas também adicionam aromas à mistura, como queijo ralado ou pasta de anchova ou outros sabores fortes. Acho que pão é o suficiente, uma vez na água o pão vai liberar um cheiro muito perfumado e atraente

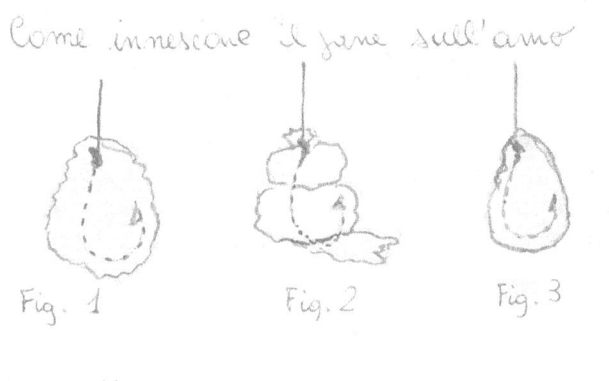

Como colocar o pão no anzol.

Fig. 1: *massa de pão* - Insira o anzol na massa, tendo o cuidado de escondê-lo bem. Pressione corretamente com os dedos

Fig. 2: massa de pão francês - Molhe e enxágue adequadamente antes de usar. Pegue uma tira e prenda-a ao anzol em uma das pontas, gire-a duas vezes em volta do anzol, prenda-a de volta e deixe a outra ponta solta.

Fig. 3: massa caseira - Molhe o pão, escorra-o, é possível adicionar migalhas de pão para dar a consistência correta. Pegue um pedaço suficiente para esconder o anzol, molde-o em uma pequena forma de pera. Pescar com anzol ou âncora pequena.

Pão branco fatiado

Pão branco fatiado é o meu preferido pois é um tipo de pão que absorve água imediatamente, basta molhar rapidamente, depois espremer bem com as mãos e depois colocar sobre um pano de algodão, este pano tem uma função dupla, vai retirar os restos de umidade e evitará o ressecamento ao sol.

Coloque o pão em forma de uma pequena pera no gancho.

6. EVITE EQUIPAMENTO DESNECESSÁRIO

Com este capítulo, gostaria de lhe dar uma mensagem específica. Procure não cometer o erro de encher-se de equipamentos desnecessários.

Quando eu era criança só tinha uma vara de pescar, era mais adequada para o rio do que para o mar. Tinha poucos anzóis e boias que não fossem adequados para o mar.

Sempre pesquei com este pequeno equipamento, mas fazendo da necessidade uma virtude, desenvolvi um excelente conhecimento da minha vara, pratiquei tanto que a minha vara e eu éramos um só, e adquiri aquele sexto sentido que me permitiu compensar todas aquelas deficiências que meu equipamento tinha.

Porém, mais tarde, quando fui a uma loja de caça e pesca, fiquei fascinado com todos os tipos de varas que eles tinham.

Eram tão lindas! Novas e em vários tamanhos e cores. Observei todas aquelas boias que tinham formas e cores tão atraentes que pareciam estar esperando apenas por mim.

Eu ouvi uma voz vindo das boias, e cada uma parecia dizer:

Compre-me! Compre-me! "

Eu pensei:

"Se eu tivesse essas varas, se eu tivesse essas boias, quem sabe quantos peixes pescaria?

E desde então, toda vez que eu entrava em uma loja de caça e pesca, sempre comprava. Sempre comprava alguma coisa, mesmo que não fosse útil para o meu tipo de pesca, mas não resistia.

Portanto, me deparei com tantos equipamentos, que até hoje não usei todos. Oscar Wilde costumava dizer:

"Eu posso resistir a tudo menos as tentações!"

Certamente não sou melhor que Oscar Wilde e é por isso.

7. COISAS IMPORTANTES A SABER

Marés

Um conselho fundamental. Antes de ir pescar, é aconselhável observar o mar no dia anterior.

Você tem que verificar quando a maré baixa, isso é chamado de maré baixa. Não é aconselhável pescar neste momento.

Nesse período, os peixes estarão longe da costa, pois a correnteza terá levado consigo tudo de que se alimentam.

Em vez disso, observe quando a maré voltar, ou seja, quando veja as pedras nuas, novamente cobertas pela água, é a hora certa de pescar.

Este movimento é denominado maré alta.

O ambiente de pesca: recifes naturais e artificiais

Todos os recifes naturais e artificiais que encontramos no mar são excelentes para a pesca.

Eles estão cheios de pequenas cavernas, ravinas (que são enseadas onde os peixes se escondem) onde os peixes vagam continuamente em busca de alimento.

Se olharmos bem, estão cheios de vegetação, quanto mais algas houver nas rochas sob a água, melhor, também veremos lapas, ouriços-do-mar, caranguejos, são pistas que indicam que o lugar é perfeito.

Você deve sempre pescar onde a água é mais funda perto das rochas, sempre lembre que a primeira coisa a fazer ao chegar a um local é lançar a isca ao alcance de sua vara de pescar.

Mas não faça isso apenas no início, continue em intervalos regulares durante toda a sessão de pesca.

Neste cenário irá pescar besugos, douradas que são os clássicos peixes de profundidade, mas também aqueles peixes que vivem em águas quase profundas ou mesmo peixes de superfície como a tainha, o pargo e palometa.

Fig. 1: Os recifes naturais e artificiais são um paraíso para os pescadores

Fig. 2: *Degradação do litoral rochoso com rochas emergindo do fundo da água Um ótimo lugar para besugos e sargos.*

Fig. 3: *O fundo do oceano do recife com tapetes de vegetação submarina, excelente para besugos e tainhas.*

Fig. 4: *Um fundo marinho variado, bom para todos os tipos de peixes.*

O ambiente da pesca: a foz do rio

A foz dos rios, assim como os canais que deságuam no mar, são um dos melhores locais para a pesca. Os fundos dos rios são quase sempre arenosos, de profundidade média ou rasa, mas suficientemente povoados por diferentes espécies de peixes.

Você pode encontrar muitas tainhas diferentes, que nadam em rios por vários quilômetros, dada sua capacidade de adaptação às águas doces.

No início da foz do rio, há também palombetas jovens que vagueiam constantemente em busca de alimento.

Pesque sempre no ponto mais profundo e onde a corrente é mais calma, isso vai permitir que você tenha um ritmo mais lento (por ritmo lento quero dizer que onde você está pescando há pouca corrente, portanto, permite observar a boia corretamente) permitindo que a isca toque o fundo onde será perseguida e atacada pelos peixes que estão na área naquele momento

8. MEDIDAS MÍNIMAS DOS PEIXES

Para evitar possíveis multas por parte das autoridades, é melhor saber as medidas mínimas dos peixes. O tamanho é calculado desde a boca até a parte extrema da barbatana caudal fechada. Abaixo estão as medidas mínimas dos peixes na Itália.

NOME COMUM	NOME CIENTÍFICO	TAMANHO MÍNIMO
Anchova	Engraulis encrasicolus	9 cm.
Agulha	Belone belone	25 cm.
Enguia	Anguilla anguilla	28 cm.
Boga	Boops boops	7 cm.
Liza/Tainha	Mugil cephalus	20 cm.
Corvina Preta	Sciaena umbra	20 cm.
Dentex	Dentex dentex	30 cm.
Congro	Conger conger	50 cm.
Amia Calva	Lichia amia	60 cm.
Palometa	Trachinotus Ovatus	7 cm.
Barracuda	Sphyraena sphyraena	30 cm.
Besugo ou Goraz	Lithognathus mormyrus	15 cm.
Moreia	Muraena helena	60 cm.
Oblada/Dobradiça	Oblada melanura	7 cm.

Corvina	Umbrina cirrosa	25 cm.
Dourada	Sparus aurata	20 cm.
Salpa ou Salema	Sarpa salpa	07 cm.
Mojarra.Sargo	Diplodus vulgaris	18 cm.
Sargo Bicudo	Diplodus puntazzo	18 cm.
Sargo Común	Diplodus sargus	23 cm.
Cavala ou Sarda	Scomber scombrus	18 cm.
Sargo anular	Diplodus anularis	12 cm.
Robalo	Dicentrarchus labrax	25 cm.
Carapau ou Chicharro	Trachurus trachurus	12 cm.
Pargo Goraz	Spondyliosoma cantharus	7 cm.
Tordo verde	Labrus viridis	7 cm.

9.
O TIPO DE PEIXE QUE VOCÊ PODE PESCAR COM PÃO

Boga

A boga é uma espécie que pertence à família Sparidae. Seu corpo é cônico, tem uma boca bastante pequena, mas tem dentes muito afiados que muitas vezes podem cortar uma linha de nylon muito fino.

BOGA
(Boops boops)

Seu corpo reflete cores que vão do amarelo ao verde claro. Não cresce muito, raramente atingindo 30 cm. Os lados e o estômago do peixe são prateados.

Este peixe tem olhos muito grandes. A tradução do nome científico "Boops boops" é "olho de boi". A melhor época para pescar esse tipo de peixe é o verão, mas o outono também é bom, e quase todas as horas do dia são boas.

Pode ser encontrada perto de recifes naturais e artificiais, em territórios mistos, onde há areia, rochas e ervas marinhas dos leitos oceânicos de posidonia.

É um peixe muito fácil de apanhar. Quando você estiver perto das rochas é preferível usar uma vara de pescar fixa, pois é mais rápido de pegar. As bogas se movem em grandes cardumes e muitas delas podem ser capturadas em pouco tempo. Obviamente, quanto mais curta e leve for a vara de pescar, menos o braço ficará cansado.

Eu recomendo uma linha de nylon 0,18, uma boia em forma de bola muito pequena, e amarrar um anzol de tamanho 18 com uma haste longa e uma pequena bola de pão em forma de pera, a um metro da boia.

As chumbadas devem ser agrupadas cerca de 10 a 15 cm do anzol. Um chumbo dividido será suficiente.

Lembre-se sempre de amassar bem o pão antes e durante a pesca.

Liza

Seu nome em latim é Mugil Cephalus, também é chamado de tainha e pertence ao grupo dos peixes alongados. É um peixe muito elegante, o seu corpo é longo, robusto e forte e achatado em direção à cauda.

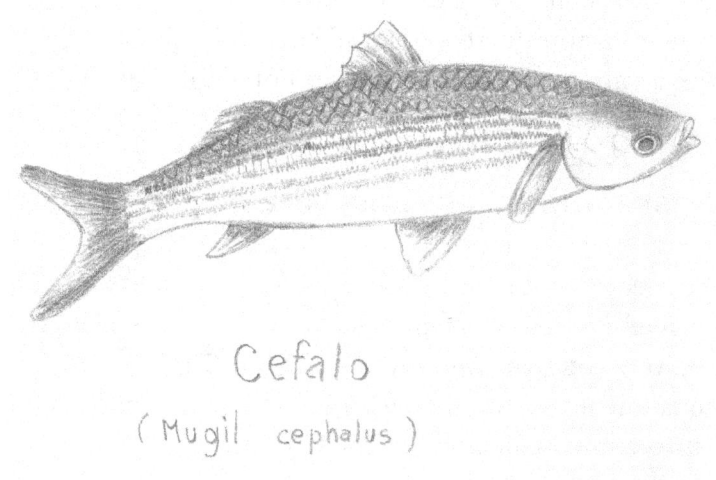

Cefalo
(Mugil cephalus)

Sua cor geralmente é prateada, mais escura no dorso e mais clara nas laterais e na barriga. Este peixe é um nadador incansável, sua resistência, uma vez fisgado, é impressionante.

Você pode pescar o ano todo, embora as melhores estações sejam primavera, verão e outono. Qualquer hora do dia é boa.

Encontra-se tanto em água salgada como em água doce, em portos, junto a falésias artificiais e naturais e também nas desembocaduras de rios, onde entra e nada por vários quilômetros.

Esses peixes se movimentam em grandes cardumes, muitas vezes você pode encontrá-los perto de depósitos de lixo orgânico, e é por isso que sua carne às vezes tem um gosto desagradável. Você pode pegá-los com a vara de pescar à bolonhesa ou fixa.

Pegar tainhas com uma vara de pescar fixa

O ideal é utilizar uma vara de pescar fixa, possivelmente de carbono, com um ponto de ação de 5 a 6,50 m. Sugiro uma linha de nylon 0,16, 40 cm mais curta que a vara de pescar. A boia deve ter um formato muito cônico e deve variar de 0,5 a 1,5 g. no máximo.

No final, amarre um elo giratório onde você possa amarrar duas outras pontas com linha de nylon 0,12. Uma linha deve ter 30 cm de comprimento e a outra deve ter 60 cm.

O tamanho dos ganchos de haste longa e fina variará de 16 a 10. É preferível agrupar o peso no topo do elo giratório com chumbos divididos de 0,12.

É preferível usar pão francês como isca, embebido e espremido muito bem antes de usar, arrancar um pedaço, depois penetrar o anzol numa das pontas, depois girar duas vezes ao redor do anzol e voltar a penetrar para deixar a outra ponta solta.

Antes de começar a pescar na área, você deve jogar bolas de pão do tamanho de uma laranja, previamente embebidas e bem espremidas, na água.

Faça isso mesmo durante a pesca em intervalos regulares, continue jogando punhados de pão na água.

Leve um pequeno balde para preparar o pão e, claro, leve muito pão com você também. Lembre-se de puxar imediatamente com determinação assim que vir a haste da boia afundar.

A mordida da Liza dura apenas alguns segundos, portanto, é melhor antecipar do que atrasar-se.

Se o cardume de tainha está na superfície, pesque em águas rasas, não mais profundas que um metro de profundidade, meça o fundo da água com uma sonda e mantenha a isca a 10 cm do fundo.

Pesque lizas com a vara bolonhesa.

Quando as tainhas estão longe da costa é melhor pescar com a vara bolonhesa. Se você estiver pescando em falésias baixas, uma vara de 4 metros será suficiente.

No entanto, se estiver pescando em penhascos altos, até uma vara de 7 metros pode ser usada.

Quando a água está calma e não há vento, utilizo a boia inglesa 4 + 1 com ponta solta de cerca de 70 cm, pequena âncora de tamanho 14 e pão branco previamente embebido e bem espremido com um pano de algodão.

Neste caso, utilizamos o anzol pequeno, pois ao arremessar mais longe corre-se o risco de perder a isca, mas com o anzol que segura bem o pão, a linha é arremessada com maior segurança.

Após o arremesso não mantenha a isca parada, mas deve puxar bem devagarinho, mantendo a linha de pesca bem esticada, você vai ver a boia e a bola de pão quase flutuando.

Quando você veja o cardume de tainhas parar, as tainhas vão atacar o pão com avidez, afundando a boia ou jogando-a para o lado. Lembre-se de puxar imediatamente com determinação.

Quando a água começa a se agitar, é preferível usar a clássica boia com formato de ovo e 2 a 6 g. de chumbada

Se o mar estiver um pouco agitado, é preferível usar uma ponta solta mais curta, 30 cm bastam, com uma pequena âncora embebida em pão branco em forma de uma pequena bola em forma de pera. Depois de arremessar, puxe bem devagarinho novamente, esta vez quando veja as tainhas chegando, pare e espere.

Quando você veja respingos ou água se movendo ao redor da boia, significa que elas estão comendo a isca avidamente. É melhor puxar imediatamente, caso contrário, o pão acabará em um instante. As lizas nem sempre ficam juntas, isso faz parte do jogo.

Lembre-se que muito raramente as tainhas engolem a isca, sugam com os lábios, às vezes deslizam para esfarelar e depois sugam, por isso raramente as lizas afundam a boia, cabe a nós aprender a escolher o momento certo para apanhá-las.

Liza (Mugil cephalus)

Oblada ou Dobrada - Dobradiça

Seu nome em latim é Oblada Melanura e pertence à ordem dos peixes alongados. Seu corpo é oval, achatado nas laterais e prateado.

No final do corpo, próximo à cauda, apresenta uma marca escura que, junto com seus olhos grandes, lhe rendeu o nome de "occhiata" em italiano que significa "olhar".

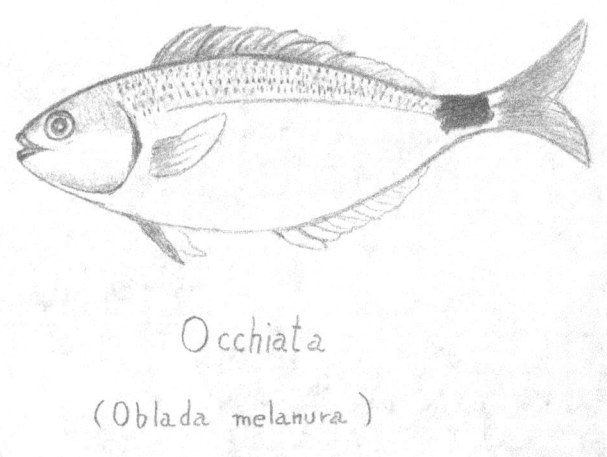

Occhiata
(Oblada melanura)

Na primavera, as obladas se aproximam da costa em grandes cardumes. Amam costas rochosas profundas e rasas. Preferem também fundos rochosos, com algas misturadas com areia. Não crescem muito, podem atingir no máximo 30 cm.

As condições ideais para a pesca são quando o mar está agitado, quando as ondas batem nas rochas e provocam um rastro de ondas. Uma vara fixa rígida longa o suficiente para passar pelas ondas é o ideal. É preferível usar a linha sem boia, com um pequeno anzol de tamanho 16 ou 14, com pão.

Arremesse a linha além das ondas, deixando a isca afundar naturalmente. Deixe-o pendurado enquanto você o move muito lentamente de um lado para o outro até encontrar o peixe.

As obladas fisgam imediatamente, mas é preciso puxar rápido, pois sua captura pode assustar o resto dos peixes e afugentá-los. Claro, o final deve ser forte o suficiente, 0,18 ou 0,20 é bom.

Pescar com a vara à bolonhesa também é bom com um carretel carregado com um peso de 0,18. Para a boia usaremos o clássico ovo ou chumbo em forma de bola se a água estiver muito agitada. O peso deve ser de 3 a 8 gramas.

Para o final, eu recomendo usar cerca de 1 metro de linha 0,16 fluorcarbono com um gancho de ancoragem tamanho 14 de largura, no qual você pode colocar um pouco de pão.

A melhor época para pescar é no outono, mas você pode fazer uma boa pescaria mesmo na primavera e no verão.

Oblada Melanura

Salpa ou Salema

As Salemas (Sarpa salpa ou Boops salpa) pertencem à família Sparidae. É um peixe muito combativo e engraçado.

É muito comumente encontrada no Mediterrâneo, perto de trechos rochosos, recifes rasos e leitos marinhos mistos, desde que haja algas, seu alimento favorito.

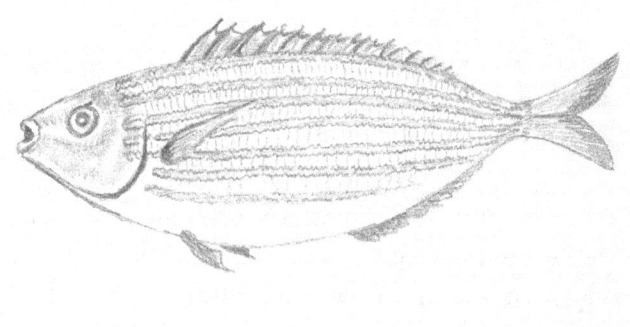

Salpa
(Boops salpa)

- Observe os penhascos com calma, aqueles com tufos de algas verdes que se movem com a correnteza, tenha a certeza que as salemas estarão lá.

Para pescar salemas da maneira certa você vai precisar de varas de pesca potentes, sejam elas varas fixas ou varas à bolonhesa.

Salemas têm dentes pontiagudos muito afiados, então eu sugiro que você nunca use uma extremidade abaixo de 0,20. Como estamos pescando perto das rochas, prefiro uma boia de 1 grama e uma ponta solta de cerca de 120 ou 150 cm.

O anzol deve ser de haste longa e de bom tamanho, 14 a 8.

Como isca, o pão clássico, pão fino ou branco fatiado, embebido e bem espremido, a quantidade deve ser bastante considerável.

Trazer as salemas é bastante difícil, você tem que mantê-las o mais longe possível das rochas, pois podem escorregar nas fendas ou qualquer outro obstáculo fazendo com que a linha entre em atrito e se destrua.

Elas são muito divertidas, vão puxar a linha por toda parte e não vão desistir facilmente. Quando elas estiverem cansadas e exaustas, recomendo usar a rede de desembarque.

Se decidir cozinhar este peixe, sugiro que retire as entranhas e enxágue-o várias vezes no mar antes de levá-lo para casa.

O principal alimento das salemas são as algas marinhas, portanto, para evitar essa fermentação, que daria à carne um sabor desagradável e forte, é melhor tomar esse cuidado.

Palometa/Palombeta

A Palometa (Trachinotus Ovatus ou Trachinotus Glaucus) faz parte da família Carangidae. Possui corpo oval, é comprimido nas laterais com uma boca pequena e olhos bastante grandes em relação ao corpo. As barbatanas anais e a primeira barbatana dorsal estão dispostas simetricamente e opostas uma à outra.

Leccia stella
(Trachinotus glaucus)

A sua cauda é estreita e comprida em forma de V. O seu corpo é muito branco perolado, tem manchas mais escuras nos lados e as pontas das barbatanas são pretas.

Mal chega a 50 cm de comprimento e pode pesar até 2 kg. É encontrada em todo o Mar Mediterrâneo e no Oceano Atlântico Oriental.

É muito comum nas proximidades da costa e também na foz dos rios. Aproxima-se de nossas costas durante os meses de junho, julho, agosto e setembro.

Uma isca para elas irresistível é o pão branco fatiado, apenas molhado (não encharcado) e imediatamente torcido com um pano. Uma vez na água, deixa um rastro de cheiro irresistível e elas atacam o pão com bastante violência.

Sugiro usar a vara à bolonhesa, com boia com peso, que tem formato de bola ou com a clássica forma de ovo, o peso da boia vai depender do peixe, se estiverem perto de 3 gramas está bem, se estiverem mais longe até 6 u 8 gramas.

Se pescar perto da costa basta uma linha de 1 metro mais ou menos, coloque um pivô na ponta dela, no qual você deve amarrar outras 2 pontas soltas, uma de 30 cm e outra de 45 cm com anzóis que vão do tamanho 14 ao 10 onde coloco uma bola de pão em forma de pera

A fisgada da palombeta é muito determinada, não é incomum, visto que se pesca com dois anzóis, apanhar duas juntas. Como mencionei antes, no meu canal do You Tube, você pode encontrar alguns vídeos mostrando isso.

Se o cardume de palometas estiver mais longe, você deve aumentar o peso da boia, diminuir a linha, que deve ter cerca de 70 cm. mais ou menos, mas desta vez você vai usar uma âncora pequena tamanho 12 ou 14 na ponta, claro que sempre coloque pão nela, mas certifique-se de que dessa vez seja uma porção maior.

Para um arremesso mais longo, a pequena ancora é ideal porque segura melhor o pão e evita que se perca.

Ao pescar longe da costa para atrair o cardume, a isca deve ser lançada livremente três ou quatro vezes para que o pão fique lá e atraia os peixes.

Da próxima vez, após o arremesso, puxe bem devagar, e, assim que veja o cardume chegando, pare de puxar e prepare-se, pois a boia começará a se movimentar muito rapidamente, então puxe imediatamente!

As palometas são boas lutadoras, vão se divertir trazendo-as para a costa. A sua carne é muito apreciada na cozinha

Sargo

Seu nome latino é Diplodus Sargus, faz parte dos peixes de corpo longo e pertence à família Sparidae. Seu corpo tem uma forma oval elíptica e é comprimido lateralmente.

SARAGO

Tem uma boca protuberante, olhos grandes e é prateado e branco na barriga.

Pode ser encontrado em todo o Mar Mediterrâneo, no Mar Tirreno e em todas as áreas que possuem fundos oceânicos mistos, cheios de moluscos.

Você pode encontrá-lo em costões rochosos, dentro de portos, em recifes naturais e artificiais, nessas áreas subaquáticas onde se desenvolvem micro-organismos que dão vida a todas as pequenas algas e tufos de vegetação.

Existem diferentes tipos de sargos. Quando o mar começa a ficar agitado, é o melhor momento para pescar sargos.

Uma vara à bolonhesa de 6 a 8 m. é ideal, combinada com uma carretilha 2500 com um bom 0,18.

Recomendo uma boia redonda, ajustada para que a isca flutue cerca de 20 cm do fundo e o uso de uma âncora de tamanho 12, para segurar melhor o pão.

Prefiro pão branco fatiado porque é fácil de preparar. Mantenha bem a sua área de pesca, quando os peixes vejam a nossa boa isca, irão atacá-la de forma violenta e decisiva, apresentando suas espetaculares fisgadas.

A defesa deles é muito poderosa, você tem que puxá-los com decisão, porque se eles conseguirem se esconder, você pode se despedir deles imediatamente.

Sargo

Outros peixes que você pode pescar com pão

Os que acabei de listar são os peixes clássicos que podem ser pescados com pão, mas há muitos outros que podem ser pescados durante a pesca com pão.

Por exemplo, pargos. Se forem apanhados na beira, normalmente não são muito grandes, são as clássicas "pequenas vigas do mar", no entanto, você pode desfrutar da sua captura mesmo com pão.

Às vezes, à noite, quando o sol se põe, ocasionalmente pesco alguns peixes das rochas. Se acontecer com você, tenha muito cuidado porque suas mordidas são muito dolorosas, eu sei disso por experiência própria.

Mesmo os pintados gostam de pão, assim que são fisgados no anzol têm uma defesa muito forte, mas depois de alguns momentos saem com muita facilidade. Você deve saber que quando o mar está calmo chegam cardumes de peixes-rei e sardinhas.

Usando uma vara fixa de 4,5m e um equipamento leve, como linha de nylon 0,10 e um anzol tamanho 18, você pode se divertir muito e pode levar muito peixe para casa.

Para quem adora peixe frito, este é o tipo de peixe ideal. Lembre-se, é claro, de iscá-los com frequência. Mesmo os peixes arco-íris do Mediterrâneo podem ser pescados com pão.

Peixe-rainha (Thalassoma pavo)

Você está vendo quantos peixes diferentes você pode pescar com pão? Esta isca não é fantástica? É muito fácil de preparar, é limpo, está sempre à mão, não é necessário ir à loja de caça e pesca para comprar minhocas de qualquer espécie ou qualquer outra isca viva.

Assim, você não precisa se preocupar em deixar a isca na geladeira para durar ou em deixá-la esfriar na garagem.

Você sabe quantas pessoas deixaram uma sacola com minhocas na garagem, que conseguiram fugir da sacola e acabaram por todos lados?

Depois de um tempo, isso atrai muitas moscas. Há pessoas que abriram sua garagem para encontrar centenas de moscas voando. Agora você só precisa torcer para que sua esposa não precise ir à garagem, caso contrário ...

Brincadeiras à parte, isso também pode acontecer, mas esse problema não existe com o pão

Conclusão

Por fim, coloco o mais importante acima de tudo, que é o que realmente faz a diferença. Eu quero que você preste atenção nisso. Você já se perguntou por que os peixes atacam iscas artificiais na pesca spinning?

Por mais parecida que seja, a isca artificial é sempre um corpo inanimado, seja de metal ou de silicone, jamais será comestível, se ficasse no fundo só causaria curiosidade.

É o movimento que dá vida a um corpo inanimado, é o movimento que desencadeia o ataque dos peixes. Não sabemos se é fome, curiosidade ou defesa territorial, mas é o que acontece.

Lembre-se de que com o pão você tem o dobro de chances de pescar um peixe. Todos nós sabemos que o peixe fisga o pão mesmo quando ele está quieto, mas você já tentou movê-lo também?

Para sua surpresa, experimente minha técnica. Depois de arremessar a linha, mantenha-a firme, puxe bem devagar, alternando pausas curtas, com recuperação lenta. Então, enquanto você se afasta lentamente, pare apenas quando veja os peixes chegando e espere que eles mordam. Caso contrário puxe novamente.

Você deve imaginar que o nosso pedaço de pão é um pequeno choco (sépia) que nada devagar;
a cor branca e o movimento atrairão peixes que vão querer ver o que está acontecendo.

Lembre-se de que algo que se move é mais visível do que algo que fica parado.

Essa lógica simples sempre me fez pescar muitos peixes, tente novamente até obter os mesmos resultados que eu tenho conseguido. Dito isso, agora posso partir, desejando-lhe a melhor das sortes.

LELIO ZELONI

A PESCA SIMPLES COM PÃO

O Verdadeiro Segredo?
A Experiência!

YouTube: Lelio Pesca
Facebook: Lelio Pesca
Instagram: Lelio Pesca

leliopesca.com
fishingwithbread.com
pescareconilpane.com
pescaconpan.com

www.ingramcontent.com/pod-product-compliance
Lightning Source LLC
Chambersburg PA
CBHW072207100526
44589CB00015B/2400